CAUSERIES D'UN CHAMPENOIS

UN DÉBAT DE CONFRÉRIE

ENTRE AVOCATS

AU XVIIIᵉ SIÈCLE

PAR

G. LENFANT DE BANGE

ARCIS-SUR-AUBE

IMPRIMERIE LÉON FRÉMONT, ÉDITEUR

Place de la Halle.

1878

[illegible handwritten note]

CAUSERIES D'UN CHAMPENOIS

UN DÉBAT DE CONFRÉRIE

ENTRE AVOCATS

AU XVIIIᵉ SIÈCLE

PAR

G. LENFANT DE BANGE

ARCIS-SUR-AUBE

IMPRIMERIE LÉON FRÉMONT, ÉDITEUR

Place de la Halle.

——

1878

UN DÉBAT DE CONFRÉRIE ENTRE AVOCATS

AU XVIIIe SIÈCLE

Un abonné de la *Revue de Champagne et de Brie* a fait demander, dans le 13e numéro de ce recueil, livraison de juillet 1877, p. 63, des renseignements sur une production peu connue du célèbre troyen Grosley, qui a pour titre : *Réclamation d'un Avocat en faveur de sa profession contre un abus qui la dégrade*. C'est non pas une facétie [1], mais un véritable mémoire judiciaire, bien effectivement produit à l'appui d'une instance d'appel, dans des circonstances assez peu ordinaires pour piquer la curiosité. Il soulève un coin du voile qui couvre encore à nos regards bon nombre d'habitudes et d'usages de la vie de nos pères, et nous offre le tableau de l'un de ces mille débats de la vie publique ou intime, qui, pour eux, remplaçaient alors ceux plus passionnés de nos jours de la politique.

---

1. Cette méprise du reste serait bien excusable, en raison de la réputation de Grosley comme l'un des principaux auteurs des facéties contenues dans les *Mémoires de l'Académie des Sciences, Inscriptions, Belles-Lettres et Beaux-Arts nouvellement établie à Troyes en Champagne*. Liège, in-8° 1744. — Troyes, 1756, 2 v. in-8° ; et de celle que lui valut un autre mémoire judiciaire qui fut composé à peu près dans le même temps, et dont «le ton sérieux, l'air d'érudition et une tournure scientifiquement originale et souverainement plaisante », dit l'un de ses premiers biographes, lui ont fait un mérite et une renommée aux yeux des amateurs. Ce dernier mémoire n'a été imprimé que 25 ans plus tard, dans le recueil des *Causes amusantes et connues* de Robert Estienne. Berlin, 1769, in-12, 1er vol. p. 66 et suivantes sous ce titre : *Mémoire pour Etiennette Boyau, femme de Louis le Large, tisserand, demeurant à Troyes, garde-malade, connue plus généralement sous le nom de Tiennette, demanderesse ; contre maître François Bourgeois, chanoine de l'insigne Eglise Collégiale et Papale de Saint-Urbain de Troyes, défendeur*. Il s'agissait dans cette cause de la rétribution de 1,200 lavements administrés par cette femme ; et encore ces 1,200 opérations n'étaient que la modération d'un compte en bloc qu'à la rigueur on aurait pu élever au capital de 2,190 remèdes. M. Simon, biographe de Grosley, n'élève aucun doute sur l'existence réelle de cette singulière affaire.

La *Réclamation d'un Avocat en faveur de sa profession* et le *Mémoire pour Etiennette Boyau*, sont les seuls Mémoires judiciaires imprimés, connus, de Grosley.

Rédigé avec l'esprit caustique qui caractérise son auteur, avec la verve et la malice qu'il n'épargnait jamais dans la moindre page sortie de sa plume, et à plus forte raison lorsqu'il avait à répondre à des contradicteurs ; conçu dans le style procédurier en usage à l'époque, je n'oserais le citer *in extenso*, de crainte de refroidir le bon vouloir des lecteurs de la *Revue* ; je l'abrégerai dans ses parties les plus ingrates, mais en empruntant le plus grand nombre de passages possibles à Grosley lui-même, dont je me reprocherais de leur faire tort complètement. J'y ajouterai les renseignements puisés de côté et d'autre, que je crois être utiles afin d'éclaircir la question, ou ceux qui sont purement bibliographiques et qui pourraient avoir quelqu'intérêt pour les curieux de ces sortes de choses. Ainsi se trouvera rempli le désir de l'abonné énoncé dans la *livraison de juillet*.

RENSEIGNEMENTS BIBLIOGRAPHIQUES

Le Mémoire dont il s'agit est imprimé format in-4°, sur deux feuilles entières, qui forment 16 pages, et sur une demi-feuille qui ne fournit qu'une 17e page. Le titre occupe le recto de la première, il est ainsi conçu :

Réclamation | d'un Avocat | en faveur de sa profession | contre un abus | qui la dégrade.

Au verso de cette première page se trouve l'Epigraphe suivante :

> *Virtus repulsæ nescia sordidæ*
> *Incontaminatis fulget honoribus :*
> . . . .
> . . . .
>   HORAT.[1]

---

1. Cette strophe doit être complétée par les deux vers suivants :
> *Nec sumit aut ponit secures*
> *Arbitrio popularis auræ.*

Elle est traduite ainsi par Ch. Batteux dans l'édition Achaintre : *La vraie vertu brille d'un éclat que rien ne ternit; elle ne connaît point les refus honteux; elle ne prend les honneurs ni ne les quitte, au gré d'un peuple volage et capricieux.* (Œuvres complètes d'Horace, 1823, in-8°, 1er vol., p. 251.) — Grosley a eu la finesse, n'est-il pas vrai, de sous-entendre ces deux vers et de les remplacer par des points. — Il les a tirés de l'Ode IIe, livre IIIe *Ad Amicos*, où le poète leur recommande la valeur et le secret. Achaintrey a ajouté le commentaire suivant :

« Ils commencent la seconde partie de l'Ode qui a rapport au courage civil. *La vertu ne connaît pas de refus*, parce que les dignités qu'elle brigue

Le mémoire signé : *Grosley* et *La Corne, procureur*, emploie les pages 3ᶜ à 12ᵉ ; puis suivent : p. 13ᵉ, *Délibération du Collège des Avocats de Troyes* du 24 août 1749 ; pp. 14ᵉ à 16ᵉ *Sentence* (du Présidial de Troyes contre Grosley, du 17 août 1751) *dont est appel ;* enfin p. 17ᵉ *Arrest* (du Roi du 21 août 1751, qui admet l'appel de Grosley contre cette sentence). C'est au bas seulement de cette dernière page que se lit le nom du libraire : *A Paris, au Palais, chez Grangé, libraire, galerie des prisonniers, à la Sainte-Famille.* Il n'y a point de date, mais on peut lui assigner celle de l'Arrêt qui est de 1751, sans s'éloigner beaucoup de la vérité [1].

Cette pièce, qui a sans doute été confondue autrefois dans le fatras des Mémoires judiciaires si nombreux, puisque les plaidoieries ne consistaient guère sous l'ancienne législation qu'en coups de plume au lieu de coups de langue, est devenue extrêmement rare : elle a dû disparaître, enfouie dans la masse de ces inutilités. Je crois me rappeler l'avoir vue autrefois, dans la bibliothèque de mon grand-père, M. Patris-Debreuil, l'infatigable et consciencieux éditeur des productions de Grosley, qui l'avait classée dans les brochures dont il faisait grand cas. Dans le partage qui en a eu lieu après son décès, elle n'est pas arrivée en ma possession ; j'étais fort jeune alors et n'avais aucune idée de bibliographie. Assistant longtemps après, à la vente de la bibliothèque de M. Harmand, ancien bibliothécaire de la ville de Troyes, si riche en curiosités et pièces rares de la localité, faite en décembre 1873, je ne vis point cette brochure passer aux enchères. Ce n'est qu'au mois de février dernier que je la rencontrai dans un groupe de pièces fort rares de Grosley, ou à lui relatives, mises en vente par les acquéreurs de la bibliothèque particulière de M. Alexis Socard, ancien libraire à Troyes, auteur des *Livres populaires imprimés à Troyes* (1864, in-8°), et d'autres recherches de ce genre ; et encore

ne dépendent point du peuple ; sa récompense est en elle-même, dans l'estime qu'elle commande, dans le respect qu'elle inspire. La vertu place celui qu'elle conduit, sur un trône moral, resplendissant de gloire ; elle prépare à ses héros et à ses défenseurs une gloire immortelle. » (Id., p. 340.)

1. On y a remarqué deux fautes d'impression, que je signale au passage, afin d'en faciliter la rectification aux heureux possesseurs d'un exemplaire : p. 4ᵉ à la 25ᵉ ligne, au lieu de 30 *à* 40 *sols par écot*, il faut 3 *livres 4 sols ;* p. 11ᵉ à la 35ᵉ ligne, après *Il est depuis longtemps*, ajouter : *réformé en tous lieux*, ce qui donne un sens à la suite qui en manque, *où de semblables confréries avaient été érigées.*

n'était-elle pas mentionnée au catalogue, où ce groupe porte
le n° 704. Je m'en suis rendu acquéreur, mais à un prix si
fou, qu'il me revint de suite à l'esprit une boutade extrêmement piquante du regretté docteur Payen, si connu par ses
travaux sur Montaigne, qui n'eût pas manqué de me l'appli-
quer, s'il eût pu se trouver là.

Je ne puis résister à l'envie de divertir mon lecteur en lui
offrant cette distraction ; cela me fera, j'espère, pardonner
la longueur du hors d'œuvre ; d'autant plus que la boutade
avait du Grosley pour sujet, et qu'elle s'adresse en droite
ligne à des champenois. On sait que le docteur Payen s'était
minutieusement occupé de recherches sur les *Mémoires de
l'Académie de Troyes*, et qu'il les a réunies sous une forme
originale et attrayante qu'il a intitulée *Histoire sérieuse d'une
Académie qui ne l'était pas*, Paris, imprimerie Guiraudet et
Jouaust, 1848, 16 pp. in-8°. Elles avaient paru précédemment,
morcelées dans les numéros 1 et 2 de janvier 1848 de *la
Bibliographie universelle, journal du libraire et de l'amateur
de livres*. Je possède l'exemplaire de l'auteur, ou ces deux
publications sont réunies et auxquelles il a joint de nom-
breuses notes manuscrites dont j'extrais celle-ci : c'est la
saillie en question :

« En mars et avril 1854, le libraire Delion vendait, à Paris,
la bibliothèque de M. Thiérion d'Avençon, ancien notaire à
Troyes... Le n° 1315 était fort intéressant pour l'auteur de
l'*Histoire sérieuse d'une Académie qui ne l'était pas*[1]. Mais il
n'y avait pas moyen de lutter contre le patriotisme de localité, et contre la bourse d'un troyen qui avait donné à Delion
une *commission illimitée*. Les trois volumes d'*œuvres* ne va-
lent pas plus de 3 francs et le numéro a monté au prix
exhorbitant de 60 francs pour le principal, soit 66 francs
avec les frais. Il faut être fou ou troyen, et peut-être les
deux, pour acheter du *Grosley* à ce prix, cela fera renchérir
le *petit lait*. On sait du reste que la ville de Troyes avait,
sous l'ancienne monarchie, le privilège de fournir le *fou de
Cour* ; on voit qu'elle est toujours en état de fournir l'article,
si l'état de nos mœurs revenait à ce point qu'il fût demandé.

---

1. Aux œuvres inédites de Grosley, 1812, 3 vol. in-8 br. on avait joint,
dans ce numéro, sept pièces imprimées dont : *la Lettre de Lefèvre*, 1765 et
la Lettre à M. Desmarets, 1768, et le Dialogue entre un curé et son filleul,
de toute rareté, et deux pièces manuscrites qui sont : Lettre en vers de L.
Blondel, vigneron, et Lettre de M. Truelle.

Il se trouvait dans ce numéro la *lettre de Lefèvre*, réimpression en italique que j'ai, la *lettre de Grosley* dont je n'ai qu'une copie manuscrite ; c'étaient là les seules pièces qui se rapportâssent à l'Académie de Troyes ; les autres, quoique rares, le sont moins que ces deux, mais j'y ai trouvé, de même que dans les trois pièces manuscrites, des renseignements intéressants (relativement) sur les *Mémoires* et sur les pièces qui les composent. »

EXPOSÉ DES FAITS

Je reviens sans plus tarder à mon sujet, et j'entre en matière de suite, avec Grosley qui expose ainsi l'origine de l'usage, devenu abusif, contre lequel il s'est régimbé et qu'il incrimine :

« Les Officiers de Justice et Praticiens de la ville de Troyes, expose-t-il au commencement de son Mémoire, jugèrent à propos, au commencement du xviᵉ siècle, de se réunir sous une Confrérie, à l'instar de celles que les différents Corps de métiers formoient alors entre eux.

« Ces Associations ne pouvoient avoir lieu qu'avec l'agrément et la permission du Roi. Louis XII, passant à Troyes, au mois d'avril 1510, agréa la nouvelle Confrérie. La mémoire de cette permission s'est conservée par tradition ; les lettres de Louis XII à ce sujet n'existent ni en original, ni par coppie autentique.

« Cette Confrérie a suivi le sort de tous les Etablissements de ce genre ; on en peut juger par ses Statuts, tels qu'ils se trouvent en un imprimé, qui ne porte aucun caractère d'autenticité, mais qui est le titre unique de la Confrérie : Voici les obligations imposées par ces Statuts :

« *Précis des Statuts.* — Faire le jour de la Saint-Louis, grand Office, composé de premières Vêpres, Matines, Grand'Messe et secondes Vêpres ; et le lendemain Service des Morts avec Vigiles, Messes et commandise [1] ; sous peine de 12 d. d'amende contre ceux des confrères qui n'assisteront pas à chacun de tous ces Offices ; Faire dire tous les jours une Messe, en outre une Messe sèche [2] pour les morts tous les lundis ; enfin

---

1. Mention de la recommandation ou de l'intention. (Voy. *Encyclopédie Catholique*).

2. Récitation des prières de la messe, sans être accompagnée de la cérémonie de la Consécration. (Littré, *Dictionn. de la langue française*, art. Messe).

une Messe, *in die obitûs* de chaque confrère : Payer par chacun an 10 sols tournois, et offrir un cierge d'un carteron de cire : Assister aux Convoi, Service et Enterrement de chaque confrère décédé, sur les biens duquel sera prélevée la somme de 35 sols : Faire dire par chaque confrère une Messe pour le décédé ; En faire autant des femmes des confrères : Pour entretenir fraternité, amour et dilection, faire, par chacun an, entre tous les confrères un Convive ou Repas, à raison de 3 livres 4 sols par écot : Procéder tous les ans, le lendemain de la Saint-Louis, à l'*Election* d'un Procureur ou Syndic, lequel ne pourra prétendre aucun droit sinon d'être franc au convive : Enfin payer par tous ceux qui prennent des Charges, une Bienvenue ou Droit d'entrée proportionnée, fixée et réglée sur la dignité de la Charge.

« De tous ces Statuts, le peu qui s'en observe aujourd'hui, réduit à l'Office de la Saint-Louis, et au *Convive*, est entièrement à la charge du Syndic ; et, par une addition étrangère aux Statuts, on l'a depuis encore chargé de faire nétoyer le Palais, et d'entretenir en papier les chassis de toutes ses croisées, sans autres fonds que les droits de Bienvenue ou de Chapelle ; droits que l'on ne demande point aux uns, que les autres refusent, et que tous regardent comme une aumône faite au Syndic personnellement.

« Ce Syndic est alternativement choisi dans le Collège des Avocats et parmi les Procureurs du Bailliage.

« Il prend possession de cette Charge en prêtant, à la première audience d'après la Saint-Louis, serment de bien, diligemment, fidèlement et en conscience administrer les biens et revenus de la Confrérie ; et d'en rendre en fin de son administration bon et loyal compte.» (pp. 3, 4 et 5).

Ainsi, le règlement de la Communauté était en grande partie tombé en désuétude ; de toutes les obligations imposées originairement pour témoigner des sentiments religieux de ses membres, de leur respect pour les morts notamment, et pour maintenir entre eux la bonne union et la confraternité, il ne restait que celle d'assister une fois l'an à un Office solennel, qui se faisait le jour de la Saint-Louis, et à un *Convive* ou repas qui suivait ; et encore les frais qu'ils occasionnaient, étaient-ils à la charge exclusive du Syndic à qui sa fonction, outre les ennuis qui en étaient inséparables, valait encore d'autres dépenses dont il ne pouvait arriver à se faire couvrir.

Grosley, dans cet exposé de son Mémoire, dit tout ce qu'il peut décemment dire à une assemblée de Magistrats chargés d'apprécier sa conduite, de le juger : ce qu'il est obligé de taire en ce lieu, ce qui lui coûtait bien à rentrer au-dedans de lui-même et qu'il brûlait de divulguer au public, ce que sans doute il ne se faisait pas faute de dire en conversation, il le dévoile complètement dans les Mémoires sur sa vie, *Commentarii de vitâ meâ, sive de rebus ad me pertinentibus*, qui forment la première partie de l'ouvrage de l'abbé Maydieu : *Vie de Grosley* (Londres et Paris, 1787, in-8º) :

« Celui des Avocats à qui étoit échue cette belle fonction (le Syndicat), prêtoit serment à l'audience, de bien et fidèlement administrer les deniers de la Confrérie. La Saint-Louis venue, il envoyoit des paniers de gibier, de vin et de bouquets aux Chefs du Baillage, aux Conseillers, à leurs femmes et à leurs filles, et donnoit deux ou trois grands repas, servis avec autant de magnificence que de profusion. J'avois assisté à quelques-uns de ces repas et j'y avois vu un Tetel, un Forel, un Carré et un Cartau [1] prêts à jeter au nez de M. le Syndic les plats qui ne se trouvoient pas de leur goût, et les vins qui n'étoient pas à leur gré ; enfin, après s'être rempli le ventre, la tête et les poches, se prendre de gueule, se traiter en crocheteurs, faire voler les perruques, casser verres, assiettes, etc., — et j'avois dès lors juré de n'être jamais l'Amphytrion de pareille fête. » (pp. 122 et 123.)

Voilà donc une Compagnie en possession d'usages pour ainsi dire immémoriaux, qui étaient tombés, il est vrai, dans un excès regrettable, mais enfin qui existaient, et étaient, tout entachés qu'on les reconnaisse, enracinés profondément dans les habitudes de ses membres ; et d'autre part l'un d'eux qui, honteux de l'abus où ils étaient tombés, se promet de s'affranchir d'une pareille sujétion, et jure de ne point s'astreindre à une règle qui le fait rougir. Un conflit ne pouvait manquer d'arriver, et le résultat devait en être bien douteux pour l'audacieux qui osait seul affronter la tourmente. Heureusement pour Grosley, les incidents qui précédèrent et amenèrent sa nomination aux fonctions du Syndicat, arrivèrent d'une façon inusitée, et facilitèrent à son habileté naturelle les moyens de défense à employer. Voici

---

1. L'abbé Maydieu, à l'impression, a remplacé par la dénomination générale de Convives ces noms qui, alors, ne voilaient pas assez la personne des membres les plus fougueux de la Confrérie.

les faits qui se passèrent alors, de 1749 à 1751, période qu'il est indispensable de suivre pour se mettre au courant de la question.

On a vu que le Syndic était pris alternativement une année dans le Collége des Avocats, et l'année suivante parmi les Procureurs au Bailliage ; la Communauté avait l'habitude de faire ce choix une année d'avance, c'est-à-dire que l'année même qu'elle fournissait le Syndic et alors qu'il était sur le point de cesser ses fonctions, elle se réunissait quelques jours avant la Saint-Louis et nommait celui de ses membres qui devrait un an plus tard entrer en charge. Quoique cette nomination dût se faire à l'élection, suivant l'esprit des Statuts, l'assemblée, dans la pratique, désignait chacun de ses membres selon l'ordre qu'il occupait au Tableau et suivant sa matricule, de sorte que chacun pouvait prévoir et préciser, pour ainsi dire, l'époque où il remplirait cette fonction. Cependant il pouvait arriver que dans l'intervalle d'une année entre l'élection et l'entrée en charge, l'élu se trouvât dans l'impossibilité de la remplir, soit par décès, maladie, cessation de fonctions ou autrement. C'est précisément ce qui fut en faveur de Grosley. Laissons-le parler :

« *Délibération des Avocats du* 21 *août* 1749. — Me Colinet, Avocat, étant sur le point de remettre le Syndicat à un Procureur, les Avocats s'assemblèrent, le 21 août 1749, pour conférer ensemble, et jetter les yeux sur celui de leurs confrères qui devoit remplacer Me Colinet à la Saint-Louis 1750 » (*Réclamation d'un Avocat*, p. 5).

« Après en avoir délibéré entr'eux, ils ont été unanimement d'avis de nommer Me Héroult de la Closture, quoiqu'Avocat de Sa Majesté, (c'est-à-dire chargé du Ministère public), pour Syndic des Avocats, au lieu et place dudit Me Colinet, pour en commencer les fonctions le lendemain de la Saint-Louis de l'année 1750, attendu que ledit Me de la Closture, ayant fait les fonctions d'Avocat, en écrivant dans différentes affaires, il est dans le cas de faire la charge de Syndic à son tour, suivant sa matricule, comme les autres Avocats. En conséquence de quoi, ils ont nommé Mes Doué et Sourdat pour se transporter chez ledit Me de la Closture, et lui proposer d'accepter ladite charge de Syndic, ainsi qu'il est accoutumé parmi les Avocats. Et à l'instant, Mes Doué et Sourdat, s'étant transportés chez ledit Me de la Closture, et étant de retour, ont dit que, sur la proposition par eux faite pour l'acceptation de ladite charge de Syndic, ledit Me de la Closture auroit répondu qu'étant Avocat du Roi, il croyoit devoir se dispenser d'accepter ladite charge de Syndic ; sur quoi lui ayant représenté que, faisant les fonctions d'Avocat, il devoit également participer aux charges qui les concernent, et par conséquent exercer comme eux celle de Syndic, il auroit persisté dans son refus d'accepter ledit Syndicat ; en conséquence de quoi, ayant été délibéré de nouveau, lesdits Avocats ont été tous unanimement d'avis que Me Colinet, actuellement Syndic, lui envoye, ainsi qu'il est d'usage, le Bouquet et Présent d'honneur, et l'invite aux cérémonies accoutumées ; et où il manifesteroit encore son refus par le déffaut d'acceptation, lesdits Avocats donnent pouvoir audit Me Colinet, leur Syndic actuel, de former action, et faire toutes poursuites nécessaires jusqu'à Sentence, même Arrêt définitif, si besoin est, contre ledit Me de la Closture, pour le forcer à faire les fonctions de Syndic.» (*Délibér. des Avocats*, pp. 13 et 14). Cet acte est revêtu des signatures de tous les présents à cette Assemblée ; les absents l'ont approuvé et signé postérieurement.

« L'année 1750, continue le *Mémoire*, pendant laquelle un Procureur fut Syndic à l'ordinaire, s'écoula sans aucunes poursuites, et sans décision à l'égard de Me de la Closture ; en cette même année, Me Sourdat, successeur de Me Colinet suivant l'ordre du Tableau, traita de la charge de Lieutenant Criminel au Bailliage [1].

« Dans ces circonstances, le Procureur-Syndic demanda sa décharge à l'audience du 31 août (1750) ; elle lui fut accordée. Il lui falloit un successeur parmi les Avocats ; il jetta les yeux sur Me Grosley, présent à l'audience, lequel sur cette demande, fit la *Remontrance* qui suit ; Remontrance qu'il avoit préparée, et qu'il est très-essentiel de rapporter ici mot à mot :

« *Remontrance de Me Grosley du 31 août* 1750. Messieurs, quelque fût mon empressement pour une place que mes Anciens ont honorée, je ne pourrois l'accepter sans faire injure à Me Sourdat, injure qui retomberoit sur tout mon Collège. En effet, Messieurs, Me Sourdat n'auroit-il pas lieu d'être offensé, si on le regardoit comme rayé du Tableau des Avocats par le traité qu'il vient, dit-on, de conclure pour la charge de Lieutenant Criminel ; et si l'on pensoit à lui don-

---

1. Ce qui devait le faire sortir de l'ordre des Avocats.

ner parmi nous un successeur, avant qu'il ait passé du
Barreau sur les Fleurs de Lys [1]? Me Sourdat, je ne crains point
de le dire, se fera honneur, jusqu'à l'instant de ce passage,
d'être membre d'un Collège auquel il est attaché par tant
d'endroits honorables ; et notre Collège retiendra le plus longtemps qu'il lui sera possible un Confrère qui lui est cher, et
qu'il se voit enlever à regret. D'ailleurs, mille causes impré-
vues peuvent éloigner la réception de Me Sourdat, que peut-
être posséderons-nous encore parmi nous à la Saint-Louis
prochaine. Ainsi, Messieurs, pour ne lui pas faire un passe-
droit, dont il auroit lieu de se tenir offensé, la Cour pourroit,
par un tempéramment digne de sa prudence, enjoindre à Me
Charlot, procureur, de continuer les fonctions de Syndic
jusqu'à ce qu'il ait un successeur certain.»

« Sur cette remontrance, dont les termes généraux n'anon-
çoient de la part de Me Grosley ni disposition, ni résolution,
ni dessein d'accepter le Syndicat, au préjudice de la délibération unanime de ses Confrères, l'année 1751 s'est écoulée
sans qu'il ait été question de la part de qui que ce soit d'y
pourvoir. Cependant dès le commencement de cette même
année, Me Sourdat avoit été reçu en la charge de Lieutenant
Criminel » (*Mémoire* pp. 5 et 6).

D'après ce qui précède, l'inscription des Avocats avait du
avoir lieu sur le tableau dans l'ordre suivant : Me Colinet,
(syndic sortant en 1749), Me Sourdat puis Me Grosley. Suivant l'usage de prendre le syndic dans cet ordre, après Me
Colinet la fonction devait revenir à Me Sourdat, puis à Grosley. Cela était facile à prévoir. C'est par extraordinaire que
les Avocats avaient porté leur choix au mois d'août 1749
sur l'Avocat du Roi, Héroult de la Closture, qui n'était pas
inscrit sur le tableau, mais uniquement afin de lui faire sen-
tir que, consultant comme eux pour le public et faisant ainsi
la fonction d'un Avocat, il devait en supporter les charges.
Pour lui il y avait eu réellement élection, selon la prescrip-
tion des statuts ; on ne voit point pourquoi elle ne fut pas
maintenue, ni l'exécution de la délibération du 21 août 1749
suivie par Me Colinet.

Grosley s'attendait donc à être investi de la charge, sans
grande chance de pouvoir l'éviter ; il le consigne dans ses

---

1. Les lieutenants criminels étaient des magistrats chargés tout à la fois de
poursuivre et juger les crimes et délits ; comme juges, leur siège était recou-
vert de Fleurs de Lys. (Voir *La Lanne, Dictionnaire histor. de la France*).

Mémoires : «Mon tour pour le Syndicat était venu en 1751 »
(p. 122). Mais en même temps il prépara à l'avance sa
Remontrance, afin d'éloigner à tout hasard son entrée en
charge, espérant fort judicieusement que gagner du temps
était beaucoup, et que les circonstances pouvaient en outre
le servir ; fidèle à cette ligne de conduite, il temporisa, eut
soin de ne point se prononcer, et gagna ainsi les environs
de la Saint-Louis 1751, où il s'esquiva. « Je fis venir, dit-il
avec malice dans ses *Mémoires*, de Beaune, par le père Gro-
zellier [1], un excellent quartaut de 1743 ; je l'annonçai comme
vin du Syndicat, et le fis goûter à quelques-uns de ceux qui
le devoient boire : j'esquivai le serment pendant toute l'année,
et partis pour Paris, quelques jours avant la Saint-Louis,
ayant chargé quelques gens de notifier mes intentions à ceux
qu'elles pouvoient intéresser. Grande rumeur et vive fermentation au Palais...» (p. 123).

« *Sentence du Présidial de Troyes*, 17 *août* 1751.— Enfin,
le 17 août 1751, à l'audience du Présidial [2], M. le Procureur
du Roi a représenté en personne, qu'en conformité de la
Charte de Louis XII, et suivant l'usage immémorial, il con-
venoit nommer un Syndic pour la Saint-Louis lors prochaine :
Qu'à l'audience du 31 août de l'année précédente 1750, M[e]
Grosley avoit représenté — *tout ce qu'il a plu au greffier qui*
avoit rédigé sa Remontrance de lui faire représenter [3] , — et

1. L'un des pères de l'Oratoire de Troyes, né à Beaune où il avait con-
servé des relations (Voir son article dans les *Mémoires sur les Troyens cé-*
lèbres, éd. Patris-Debreuil, 1812, in-8°, 1er vol. p. 424).

2. Nos tribunaux actuels de première instance étaient autrefois remplacés
par les Présidiaux, institués en 1551 pour juger en matière civile d'abord
jusqu'à la somme de 500 livres, et postérieurement jusqu'à celle de 2,000 liv.
Leur compétence était donc plus étendue que celle des tribunaux actuels
qui ne va pas au-delà de 1,500 fr. en dernier ressort. Ils étaient supérieurs
aux tribunaux du Bailliage qui connaissaient des procès purement person-
nels, et des affaires civiles entre roturiers dont l'intérêt ne dépassait pas 40
livres. (La Lanne, *Dictionn. historique de la France*).

3. «Il est aisé de conférer cette remontrance telle qu'elle est rapportée ci-
dessus, avec celle qui se trouve dans la Sentence d'Appel, telle que le greffier l'a rédigée à sa mode, et sans en avoir rien communiqué à Me Grosley »
(note, p. 6). Et cela est important, car c'est en partie sur les termes de cette
remontrance que s'appuie la sentence du Présidial et que roule la défense
de Me Grosley. Voici ce que lui font dire le greffier et la sentence :
« Que Me Bonnaventure-Nicolas Sourdat, aussi lors Avocat, étoit à tour de
faire ladite fonction de Syndic : Qu'il étoit vrai qu'il se répandoit dans le
monde depuis peu de jours que ce dernier avoit traité de l'office de Lieutenant Criminel en ce siège, ce qui le dispensoit de l'exercice d'icelle, s'il s'y

en conséquence sur le réquisitoire de M. le Procureur du Roi, il a été ordonné que *M° Grosley, non présent à l'audience, feroit la fonction de Syndic; qu'à cet effet, il viendroit prêter serment à l'audience lors prochaine; que fauts par lui de le faire, le Service de la Saint-Louis seroit célébré à la diligence du Procureur du Roi, dont exécutoire lui seroit délivré sur M° Grosley; ce qui sera exécuté nonobstant, etc.; attendu qu'il s'agit du Service Divin* » (Mémoire p. 6).

« *Appel.*— Par acte du 19 du même mois d'août, M° Grosley a interjetté Appel de cette Sentence, et le 21 suivant, par Arrêt du Parlement, rendu sur les conclusions de Monseigneur le Procureur général, il a été reçu Appelant, avec permission de faire intimer, et injonction au greffier du Bailliage de Troyes de lui délivrer en bonne forme une expédition de la Sentence dont Appel, moyennant ses salaires *raisonnables*...

« Le greffier a satisfait à cet Arrêt, en délivrant l'expédition y mentionnée, moyennant la somme de *dix-huit livres six sols* à laquelle il a taxé ses *salaires raisonnables*.

« Le lendemain de la signification de cet Arrêt (23 août), dont l'objet, de même que celui de l'Appel, étoit uniquement la violence faite à l'Appelant pour l'obliger à prendre la qualité de Syndic, l'Office de la Saint Louis s'est célébré avec la dignité, la pompe et l'appareil dignes du zèle de M. le Procureur du Roi pour le Service Divin ; et même par le renouvellement d'une ferveur totalement éteinte depuis plusieurs années, tous Messieurs du Bailliage et Présidial ont honoré la cérémonie de leurs présences » (p. 7).

MOYENS TIRÉS DES FAITS

Après cet historique un peu prolixe de l'aventure de Grosley, et où l'on a tenu à le faire parler le plus possible, il faut passer à l'examen des moyens qu'il sut mettre en lumière pour sa défense.

---

faisoit recevoir : Qu'en ce cas, lui M° Grosley se trouvoit à tour de faire cette fonction ; mais que dans l'incertitude où il étoit dudit traité, il ne croyoit pas devoir demander ce jour-là d'être admis à ladite charge ; et au contraire, il nous auroit requis de vouloir bien surseoir à la nomination et admission d'un Syndic de la Communauté des Avocats et Procureurs. » (*Extr. de la Sentence dont est appel*, p. 15).

Ces deux rédactions sont complètement dissemblables : autant Grosley avait mis de soin dans la sienne de ne se point prononcer sur l'acceptation future du Syndicat, autant celle-ci s'en préoccupe peu.

L'affaire portée en appel au Parlement, Grosley avait obtenu de l'ancien Procureur Général Joly de Fleury, qui lui portait un vif intérêt, de vouloir bien consentir qu'elle fut soumise à sa décision. « Les gens de Paris, dit-il quelque part, se trouvant moins chauds que ceux de Troyes, l'affaire traîna ; j'eus le temps de faire imprimer un Mémoire sous le titre de *Réclamation d'un avocat*, etc.» (*Mémoires de Grosley*, p. 124).

Grosley résume ainsi les moyens de sa cause, résultant des faits énoncés :

« 1° La Délibération unanime des Avocats qui composent le Collége de Troyes (du 21 août 1749) étoit pour l'Appelant[1] une espèce de Pragmatique-Sanction, qui, en reglant parmi les Avocats l'ordre de la succession au Syndicat, le mettoit hors de rang pour y prétendre. L'accepter au préjudice de cette délibération, c'étoit détruire de son autorité privée l'ouvrage de tout un Collége, aussi distingué par sa prudence que par ses lumières.

« 2° La Sentence d'appel porte, pour la plus grande partie, sur le principe que l'Appelant avoit, par sa Remontrance du 31 août 1750, accepté conditionnellement le Syndicat. Mais il est aisé de se convaincre, en jetant les yeux sur le discours ci-dessus rapporté tel qu'il a été prononcé, qu'il ne ressemble à rien moins qu'à une acceptation. M. le Procureur du Roi a sans doute été trompé par cette Remontrance, telle qu'il l'a reçue des mains d'un greffier qui, par état, entend mieux ses Salaires que le François, et qui l'a rédigée à sa mode, à son loisir, et sans en rien communiquer à l'Appelant.

« 3° Les termes même de la Charte, autre base de la Sentence d'Appel, s'élèvent contre cette Sentence. Suivant l'article 13 de cette Charte, *le Syndic doit être élu le lendemain de la Saint-Louis par ses Confrères*. Ainsi M. le Procureur du Roi pouvoit seulement requérir, le Présidial pouvoit seulement ordonner, en se conformant à la Charte, qu'*il seroit procédé incessamment par les Confrères à l'Election d'un Syndic*, et non condamner le premier venu à p êter serment et à se porter pour Syndic. Mais cette élection étoit faite depuis plus d'un an. En pouvoit-on exiger une plus solennelle et

1. Chaque fois que ce terme se présentera il faut se rappeler qu'il s'applique à Grosley lui-même.

plus autentique que celle unanimement faite par l'acte du
21 août 1749 de la personne de M. l'Avocat du Roi (De la clô-
ture) ?

« En un mot, l'Appelant n'a jamais accepté, ni simple-
ment, ni conditionnellement, le Syndicat qu'il sçavoit être
déféré à un autre, par une élection unanime de tout son Collége, suivant la Charte.

« L'Appelant n'examinera point la valeur de cette élection
vis-à-vis M. l'Avocat du Roi ; il entreprendra encore moins
d'en poursuivre l'exécution en son nom privé [1]. Il lui suffit
d'observer qu'elle existoit dans toute sa force lors de la Sentence dont est Appel ; qu'elle n'est point encore détruite ni
annulée ; enfin qu'elle étoit pour lui une barrière qu'il ne
devoit, ni ne pouvoit franchir.

« Ainsi dans le fait, la Sentence d'Appel a jugé contre les
principes sur lesquels on a voulu l'établir ; et l'on n'a pu, au
préjudice d'une élection unanime faite suivant la Charte,
forcer un Avocat, autre que celui qui a été élu, à se porter
pour Syndic » (pp. 7 et 8).

MOYENS DE DROIT

« Il est aisé de pressentir les raisons du refus de M. l'Avocat du Roi. Admettant les clients ordinaires à la partici-
pation de lumières particulièrement consacrées par sa
charge à la déffense du Roi, du Public et des Orphelins, il
descend dans un Barreau dont il ne peut rougir de devenir
membre. Mais il a cru sans doute qu'il ne pouvoit, soit
comme Avocat du Roi, soit comme simple Avocat, accepter
sans rougir un emploi qui en arrachant un Avocat à la Noblesse de sa profession, le rend par un serment solennel,
comptable et, *ipso facto*, contraignable au corps.

« Un Avocat, revêtu d'un tel emploi, seroit un phénomène
bien singulier dans l'ordre des Avocats au Parlement. Il seroit aussi difficile de le rencontrer dans les Collèges des Avocats de province ; Collèges qui, se regardant *ut effigies parvæ,
et simulacra quædam* de cet ordre illustre, tâchent au moins
de le représenter par la pureté, par la noblesse et par la
délicatesse des sentiments » (pp. 8 et 9).

Grosley énumère ensuite les autorités qui appuient cette
incompatibilité de la profession d'avocat avec tout emploi

---

1. On a vu que M⁰ Collinet en avait été lui-même chargé par la délibération faite sous son syndicat, à sa diligence et sur son rapport.

comptable ; puis il cite des cas tout spéciaux à la ville de
Troyes, des exemples domestiques, dit-il, infiniment honorables pour le Collége de Troyes. « Ainsi la paroisse de la Magdeleine qui réunit presque tous les gens de robe, se conforme
dans le choix de ses Marguilliers aux paroisses de Paris qui
ont des Marguilliers d'honneur, le premier, un homme élevé
en dignité, et le second un Avocat, un Secrétaire du Roi ou
un Auditeur des Comptes. A cet exemple, la paroisse de la
Magdeleine a toujours un Avocat, Marguillier d'honneur, qui
est toujours, quel que soit son ordre de réception, à la tête
du bureau, met son *visa* sur les pièces de dépenses, mais
n'est jamais, par un usage immémorial, chargé des recettes
de la Magdeleine ». Ainsi cinquante ans auparavant M. Re-
gnard, avocat, élu par l'assemblée de Saint-Remy comme
Marguillier de cette paroisse, comme tel chargé de la recette,
obtint, par jugement entre lui et la Fabrique de Saint-Remy,
d'être maintenu dans le droit de préséance que lui valait sa
qualité d'Avocat, et déchargé de cette gestion. Exemple encore plus récent :

« En l'année 1729, un Avocat inscrit au Tableau depuis
dix ans accepte le Change de la Monnoye par commission du
directeur. Les Confrères, regardant *cet emploi comme incompatible avec la Noblesse de leur profession, et l'acceptation que
l'un d'eux en avoit faite comme injurieuse à leur Collége*, s'assemblèrent chez leur doyen le 5 mai, et résolurent de faire
au nom de tous, les plus vives pousuites pour faire cesser
*cet indigne mélange de la proféssion d'Avocat avec celle de
commis au Change de la Monnoye*, poursuites dont le succès
répondit à l'ardeur du zèle qui les inspiroit.

« Croiroit-on que ces Avocats, si jaloux de l'honneur de
leur état ; que ces Avocats, qui se croiroient dégradés s'ils
géroient le temporel d'une paroisse de laquelle ils tiennent
toutes les grâces spirituelles : que ces Avocats, qui regardent comme un alliage indigne, honteux et injurieux, le
mélange de leur profession avec un emploi qui suppose une
probité reconnue; croiroit-on, dis-je, que ces mêmes Avocats dégradent tous les ans leur profession dans la personne
de celui de leurs Confrères qu'ils revêtent du Syndicat?

« Il suffit de connoître les devoirs qu'impose cet emploi,
pour être convaincu que, si quelque chose peut être regardé
comme incompatible avec la profession d'Avocat, c'est assu-
rément la fonction de Syndic.

« D'abord le serment par lequel on y débute, serment qu
n'est ni exigé ni dicté par la Charte, est le même et dans le
mêmes termes que celui que prêtent les jurés des plus viles
Communautés ; on jure sur son âme de loyalement gérer e
administrer les revenus de la Confrérie de Saint-Louis, e
d'en rendre en fin d'administration bon et fidèle compte.

« Quels sont donc ces revenus ; et comment accorder la
Noblesse de la profession de celui qui les gère avec une telle
administration ? Ces revenus, puisqu'il faut le dire, sont as-
signés sur les Bienvenues, ou droits de Chapelle de tous le
Officiers de Justice. Plusieurs de ces Officiers sçavent que co
droit est dû, mais la bienséance ne permet pas toujours de
le leur demander. Dans la classe inférieure, à combien de
Jurés-Crieurs, à combien de Sergents, à combien de Lieutenants de village, Monsieur le Syndic est-il obligé d'aller
demander la Bienvenue ? Droit en apparence dû à la Confrérie ; mais Aumône en effet que l'on refuse à qui ne la
demande pas avec persévérance.

« Mais supposons que ces revenus soient réels, certains,
considérables même ; dans ce cas, ils ne diffèrent point des
revenus d'une fabrique, d'une paroisse ; celui qui les
gère est comptable, et faute de compte, *ipso facto* contraignable au corps. Or une telle position est-elle bien assortie
à la noblesse, à la pureté, à la délicatesse de sentiments qu
ont toujours distingué le Collége des Avocats de Troyes ?

« Si ces revenus sont fictifs, s'ils sont chimériques, s'ils
dépendent en quelque sorte du savoir faire et de l'éfronterie
de celui qui les administre, si jamais on en a rendu compte,
que penser de l'usage suivant lequel un homme grave par
état, s'engage solennellement par un serment public, prêté
devant un Tribunal respectable, de les administrer fidèlement et d'en rendre bon compte ? Fut-il jamais serment plus
illusoire, plus inutile, tranchons le mot, plus dérisoire ?

« C'est ce serment pour lequel M. l'Avocat du Roi a marqué
une juste répugnance ; c'est ce Serment que l'Appelant est
condamné à venir prêter dans la huitaine, par la Sentence
dont s'agit !

« L'Appelant n'auroit point réclamé contre cet abus, s'il
n'y eût été déterminé par le concours des circonstances rap-
portés dans la première partie de ce Mémoire. Montrer au
grand jour un tel abus, c'est le détruire, quelque vieux,
quelqu'antique même, si l'on veut, qu'il soit.

« Il est depuis longtemps réformé en tous les lieux où de semblables Confréries avoient été érigées, dans un tems où les Avocats encore postulans n'avoient point l'esprit de leur état. A Sens et à Auxerre, les droits de la Confrérie des gens de robe se payent actuellement entre les mains du greffier du Présidial, qui est chargé de tout ce qui regarde le Service Divin. Le concierge du Palais de Provins est de même le Syndic perpétuel de la même Confrérie, anciennement établie à Provins. On voit par un Arrêt du Parlement de Bretagne, du 8 août 1554, que dès lors les droits de Chapelle se payoient, dans toute son étendue, entre les mains des greffiers. L'usage enfin de l'ordre des Avocats du Parlement de Paris est une démonstration complète de l'abus contre lequel l'Appelant réclame aujourd'hui.

« La ville de Troyes, toujours ennemie de la nouveauté, sera la dernière à se réformer à cet égard. Si l'on veut absolument que la Confrérie de Saint-Louis y ait un Syndic actuel, les Procureurs peuvent le fournir ; il est suffisamment démontré qu'un tel emploi ne peut plus convenir à un Avocat ; l'abus est découvert.

« Il était réservé au Magistrat Suprême [1], qui veut bien descendre dans les détails de cet abus, de le prescrire par un règlement qui venge enfin et la Dignité du Présidial de Troyes, depuis trop longtemps outragée par un serment dérisoire, et la Noblesse de la profession d'Avocat dégradée par une comptabilité qui l'avilit » (pp. 11 et 12).

SUITE ET ISSUE DU PROCÈS

On voit par l'historique de toute l'affaire, par la citation des Jugement, Sentence et Arrêt qu'elle a provoqués, par la résistance bien étudiée et combinée de Grosley, par le soin qu'il mit à sa défense, que l'on n'a point à apprécier ici seulement une œuvre de fantaisie, une cause imaginaire, mais qu'il s'agit d'un débat bien réel, de la solution d'une question d'un ordre élevé, qui peut nous paraître d'une importance secondaire, si nous ne voulons point la considérer sous son vrai jour, mais qui en définitive a tenu longtemps en suspens et passionné bien certainement toute une classe de citoyens instruits d'une ville importante. Et si l'on ajoute aux faits relatés par le mémoire de Grosley, ceux bien plus signifi-

1. M. Joly de Fleury, ancien Procureur Général, dont il va être parlé plus loin.

tifs encore que révèlent les *Commentarii de vitâ meâ* : l'audacieux aveu qu'il y fait du moyen dont il s'était servi pour berner en quelque sorte certains de ses confrères, et sans doute ceux qu'il y savait être les plus susceptibles, en leur faisant goûter le *vin du Syndicat* (p. 123), on ne trouvera rien de forcé dans le tableau qu'il fait ensuite, en deux mots, de l'émoi causé par sa résistance : *Grande rumeur et vive fermentation au Palais*. Il fallait qu'il fût bien sûr de lui, de la bonté de sa cause, de la solidité de sa défense, ou plutôt de l'appui qu'il s'attendait à trouver en haut lieu, pour s'avancer autant, affronter une pareille tempête. Quoique entortillée dans le style procédurier adopté pour ces sortes d'écrits, cette défense n'en apparait pas moins claire et décisive : l'auteur sait avec talent, je n'ose dire avec malice, faire valoir la profession d'avocat, en exalter la noblesse, la monter si haut qu'il devient impossible qu'elle se commette plus désormais à des fonctions si basses que celle de faire des recettes, de toucher de l'argent. Y avait-il exagération de la part des avocats de porter si haut la dignité et la noblesse de leur charge, ou n'est-il pas plutôt regrettable qu'ils soient aujourd'hui tombés en quelque sorte dans l'excès contraire? Ceci n'est point à examiner en ce moment. On ne peut nier devant des faits aussi caractérisés, la force et la puissance de l'esprit de corps qui enlaçait autrefois chaque communauté, la tenacité qu'elles portaient à conserver leurs priviléges ou leurs coutumes, et la fierté qu'elles mettaient à maintenir leur rang et leur considération. Le chancelier d'Aguesseau disait en 1693 : « L'ordre des Avocats est aussi ancien que la Magistrature, *aussi noble que la vertu, aussi nécessaire que la justice* [1]. »

1. Pour se rendre compte de la différence que l'on faisait entre un avocat et un procureur, il faut se reporter à l'origine de ceux-ci : « Originairement, l'avocat plaidait assisté de sa partie, laquelle était debout à ses côtés ; elle expliquait sa demande ; l'avocat en déduisait les moyens.

« Par la suite, lorsque les procureurs furent institués (en 1484 par l'ordonnance rendue aux États de Tours), le procureur représenta la partie ; il prenait les conclusions, il faisait lecture des pièces.

« Les auteurs de ces temps gémissaient de cette institution, notamment Pasquier, en ses *Recherches de la France*, livre IIe chap. IV dit : « Entre ces honorables coustumes, nos anciens eurent une chose digne de recommandation Car désirans couper toute broche aux procès, ce neanmoins cognoissans que de permettre en cette cour (du Parlement) qu'il y eust certains hommes qui n'eussent autre vacation qu'à procurer les affaires d'un estranger (d'être son mandataire), seroit au lieu d'amortir les procèz, les

Que résulta-t-il en définitive de tous ces démêlés ? quelle issue eut pour Grosley et pour l'ordre des avocats de Troyes l'énergique résistance de celui-ci ? On a hâte de le savoir, et je ne retiendrai pas l'impatience du lecteur.

Grosley avait, étant à Paris, au moment même où le Présidial de Troyes prononçait contre lui la condamnation qu'on a lue, vu l'ancien Procureur Général du Parlement de Paris, Joly de Fleury, qui avait été choisi par D'Aguesseau pour lui succéder dans cette charge, lorsque ce dernier fut élevé à la dignité de Chancelier en 1717. Magistrat éminent, duquel on a pu dire que si les lois se perdaient en France, on les retrouverait dans sa tête, Joly de Fleury avait été obligé, par suite de ses infirmités, de se retirer, après une longue carrière, en 1746. « Mais son cabinet étoit resté célèbre, dit son biographe : les Magistrats du premier ordre venoient lui communiquer leurs doutes, et lui en demander la solution ; les personnes du plus haut rang le prioient d'être leur arbitre, et pleins de confiance en ses lumières, s'en rapportoient à la sagesse de ses décisions ; les personnes de toute condition trouvoient auprès de lui un accès facile ; il les écoutoit avec bonté ; un mot de sa bouche étoit pour elles un arrêt, et sa maison pouvoit en quelque sorte être considérée comme un tribunal public, d'autant plus honorable pour celui qui y présidoit que l'on s'y soumettoit volontairement ; des sçavans en tous genres accouroient également pour le consulter sur leurs ouvrages[1] ». Pour encourager les jeunes avocats, cet illustre magistrat avait établi chez lui-même des conférences qui se tenaient deux fois la semaine, et que venaient fréquenter même les gens les plus savants du barreau. Grosley, qui y avait été admis, alors qu'il complétait à Paris son instruction judiciaire, était parvenu à se faire remarquer par lui. « Il avait mis à ma discrétion, dit-il,

immortaliser à jamais, d'autant qu'il est bien mal-aisé qu'un homme ayme la fin d'une chose dont despend le gain de sa vie » (éd. 1723, in-f°, 1er v., c. 63). Nos aïeux prévoyaient tout le mal qui est advenu de pareille institution.

« L'estat d'advocat est si honorable, dit Loysel, que toute la ieunesse la mieulx instruite, tendoit à faire montre de son esprit en cette charge (Voy. *Curiosités judiciaires*, par B. Warée. Paris 1859, in-12, pp. 205, 206 et 307).

Dans les Commentaires de la coutume du Bailliage de Troyes, par Legrand, on voit (glose IIIe du Titre I n° 25) que l'office d'avocat ne dérogeait point à noblesse, et n° 33, même glose, que celui de procureur au contraire y dérogeait (Ed. de 1681, in-f°, pp. 4 et 5).

1. *Dictionnaire historique* de Moreri. Nouv. éd. 1769, in-fol , 6e v., p. 364.

la très-nombreuse collection que réunissoit son cabinet ;
fit lui-même quelquefois les recherches dont j'avois beso
dans ma province [1]. »

C'est à ce jurisconsulte respecté que Grosley vint confi
les détails de son affaire, fit valoir et les abus contre le
quels il se roidissait, et les raisons qu'il croyait avoir de s
opposer, et le ridicule qui en résulterait pour ses adversair
et qui rejaillirait sur tout le corps des avocats. Il le décida
consentir à intervenir en proposant à ceux-ci son arbitrag
et à employer le prestige de son nom et son autorité
étouffer tout le différend [2].

Voilà sans doute ce qui faisait la résolution de Grosley
son appui le plus solide. Sur ses instances, M. Joly de Fleury
sans jeter au feu les pièces de la cause, la laissa traîner e
longueur et ne prononça aucune décision. Cependant Grosle
ne négligeait pas les occasions de se faire bien venir d
l'ancien Procureur Général, et nous le voyons lui faire hom
mage de ses *Mémoires pour servir à l'Histoire du Droit Fra
çois*, imprimés en 1752, comme à l'homme de France l
plus en état de les juger : « ouvrage qui lui plut beaucou
marque-t-il avec satisfaction, sur lequel il me dit son sen
timent, et dont même il fit faire, à mon insu, et sous se
yeux, un extrait raisonné pour le *Journal des savans*. »

Grosley croyait donc la chose abandonnée, avec d'autan
plus de raison que ses confrères de Troyes, qui avaient d
faire sonder les dispositions de celui qu'ils avaient accept
pour arbitre, n'en pressaient pas la solution, et ne disaien
mot. Il n'en était rien cependant, et voici la circonstanc
qui faillit la faire revivre. L'ancien Procureur Général, Jol
de Fleury, vint à mourir en 1756, sans s'être prononcé ; le
dossiers des différentes affaires, en assez grand nombre
qu'il avait été chargé d'arranger, et qui ne parurent pas êtr
terminées à ceux qui mirent ordre à ses papiers après s
mort, furent remis au cabinet de M. le Procureur Général
afin qu'il les fit examiner de près et qu'il puisse prendre un
décision sur tout ce qui lui semblerait le demander. E
parmi ces dossiers se trouvait celui de l'instance du Présidial et des avocats de Troyes contre Grosley. Les difficultés
allaient donc surgir de nouveau, lorsque Grosley eut le bon-

1. *Vie de Grosley*. par l'abbé Maydieu, 1re partie, *Mémoires*. p. 122.
2. « M. Joly de Fleury fit écrire aux gens de Troyes pour leur proposer
un arbitrage qu'ils ne purent honnêtement refuser. Il devoit tout jeter au
feu.» (*Vie de Grosley, Mémoires*, p. 124).

heur d'en être informé, et put ainsi faire les démarches nécessaires pour conjurer toute décision contre lui.

« Me trouvant à Paris, dit-il dans ses *Mémoires*, quelques
années depuis sa mort (celle de M. Joly de Fleury), j'ouïs
dire, à la traverse, que l'affaire alloit se porter à l'andience.
Je vis M. le Procureur Général, qui m'assura qu'il n'en avoit
aucune connaissance. Son secrétaire, Laroue, me dit la même
chose, en ajoutant qu'on avoit fait passer à M. l'Avocat Général, Séguier, quelques dossiers qui s'étoient trouvés dans
les balayures du cabinet de l'ancien Procureur Général. Je
vis M. Séguier, qui trouva en effet l'affaire sur son bureau,
ignorant d'où elle lui étoit venue, et qui, sur l'exposé que je
lui en fis, jeta tout au feu, au grand regret de quelques plat-
tes gens qui avoient imaginé leur dignité compromise, par
mon refus de faire le Syndicat, qui ne s'en est pas relevé[1]. »

Il n'y a rien à ajouter de plus sur cette cause singulière : Grosley en constate lui-même l'anéantissement, sans
autre solution, en ces termes aussi concis que piquants.

Il ne me reste qu'à répondre à la dernière partie du ques-
tionnaire de juillet 1877 : Peut-on indiquer un dépôt public
dans lequel se trouve ce mémoire? J'aurais désiré être à
portée de consulter les bibliothèques de Paris, et vérifier
s'il y était; n'ayant pas eu le loisir de le faire encore, je me
suis du moins assuré qu'on pouvait le voir à la riche bibliothèque de Troyes, qu'il intéresse plus particulièrement, et
où il est placé dans la réserve D, n° 35 qui comprend un
recueil in-4° de divers écrits de Grosley ou le concernant[2].

G. Lenfant De Bange.

1. *Vie de Grosley, Mémoires*, p. 124.

2. J'ai trouvé ce Mémoire mentionné dans le dernier *Catalogue des livres
rares et curieux concernant la Champagne* donné par Alexis Socard à la
fin de 1875, sous le numéro 3,530, mais sous un autre titre : *Mémoire pour
Me P.-J. Grosley, avocat en parlement et grand-maire de l'Abbaye Royale
de Saint-Loup de Troyes, y demeurant, sur l'appel par lui interjetté, de
la Sentence contre lui rendue au Présidial de Troyes, le 7 août 1751, in-4°
de 17 pages, pièce de toute rareté.* (*Catalogues Socard*, réunion in-8°.
Bibl. de Troyes, n° 1354, Cabinet local.) C'est très-probablement l'exemplaire même dont je suis possesseur, mais sous son faux-titre, ce qui le rend
à peu près méconnaissable.

En plus de l'antique Confrérie qui réunissait les Avocats et Procureurs
de la ville de Troyes, il existait aussi entre ces derniers seuls une autre
Communauté plus récente, constituée en suite de leur Assemblée générale
du 10 mai 1695 et approuvée par *Arrest du Conseil d'Eslat du Roy*, du 19
juillet suivant, « pour l'intérest public, y est-il dit, le règlement de leurs
affaires, et la Perception des droits des Offices ».

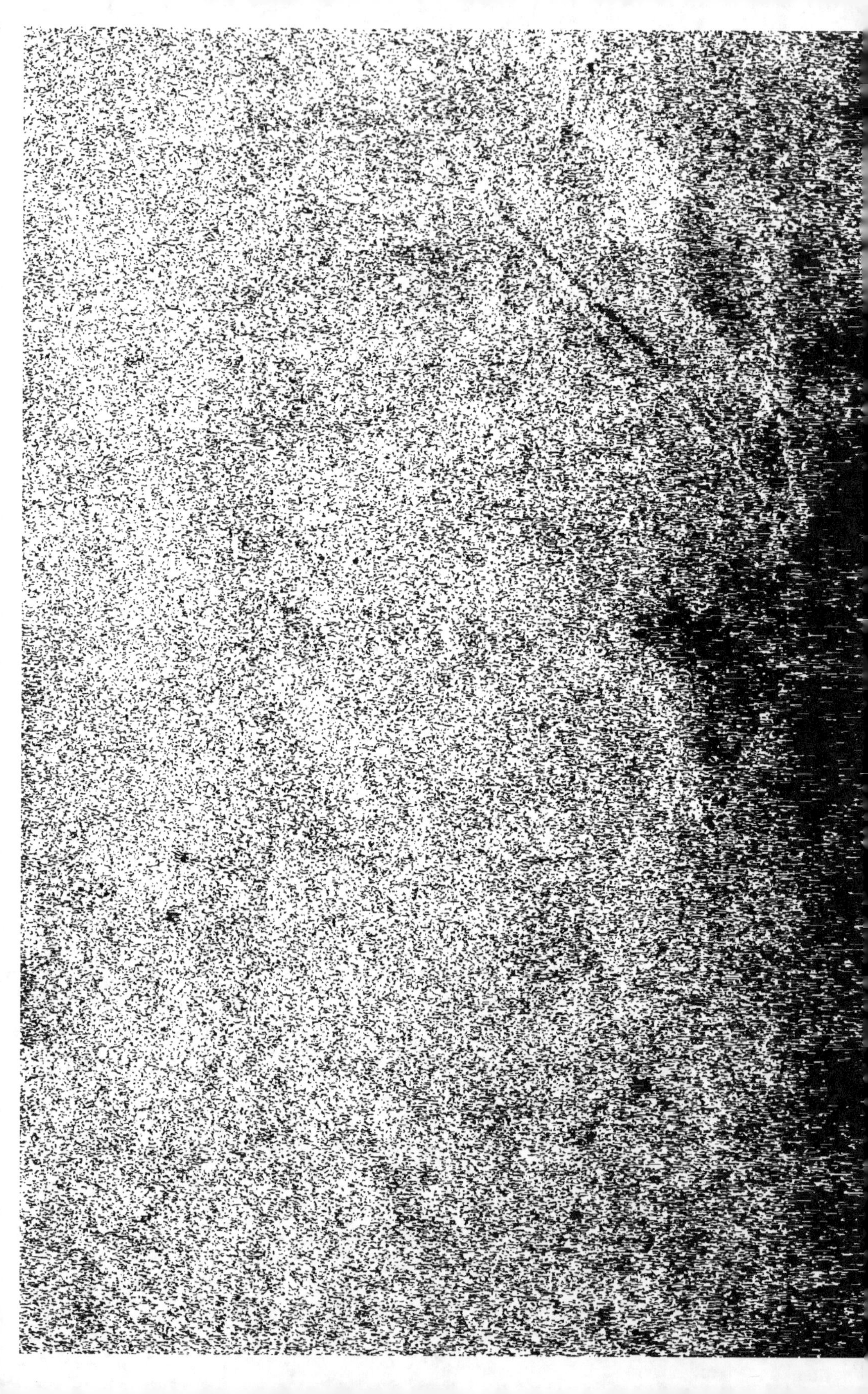